1

Questiosophie

Apprendre à poser des questions
pour mieux découvrir
Volume 1

Christophe Pank

Copyright : 2016 Par Pank
ISBN # : 978-1530411047

« La réponse est dans la question »

Table des matières

Introduction

La question... Depuis des années je répétais de façon mimétique ces quelques mots : ' **la Réponse est dans la question'**...Allant même jusqu'à m'interroger sur les questions que je posais pour 'voir' si en fait, dans mes mots ainsi prononcés, je trouvais déjà ma réponse. Le résultat ne fut pas forcément au rendez-vous, mais j'ai pu observer que **les mots avaient un poids, une saveur et un impact,** ouvrant un champ de compréhension.En tant que praticien en hypnosophie et thérapie durable, je suis comme vous **dans l'échange** avec mes partenaires (patients). Assez jeune j'ai commencé à écouter spontanément, cela me permettait d'être le confident de nombreuses personnes, et m'enseignait ainsi l'incroyable **fonction de la question.** Personne ne se soucie de ce que l'on pense, la seule chose que la plupart des proches ou moins proches attendent, c'est de **pouvoir exprimer ce qu'ils souhaitent ou pensent.** Votre opinion est secondaire, voire complétement occultée. Dans le cadre de l'aide à la personne, j'ai commencé par des travaux en énergétique.

C'est une école qui préfère jouer du ressenti et **des perceptions 'extra sensorielles'** pour mener la session. J'ai donc commencé avec un 'handicap' sur la question. Pour aller plus loin, la plupart des questions que je posais en cours n'obtenaient jamais de réponses.

C'est plutôt réconfortant pour une personne qui va dès lors **projeter ses perceptions à ce que l'autre pense, vit ou ressent.**

Nous reviendrons sur la projection, mais je peux vous dire dès à présent que c'est certainement ce qui va **le plus bloquer notre communication,** qu'elle soit sociale ou thérapeutique. La vie étant pleine de surprises, je me suis orienté vers du marketing pendant mes études, ce qui mettait la communication à une place importante. Discipline que je trouvais particulièrement **inintéressante,** parce que pour moi tout le monde communiquait naturellement.

Cependant avec la réflexion de la base marketing, les 4 P : Prix, Place, Produit, Promotion, j'ai dû commencer à poser des questions, plein de questions, et carrément passer des après-midis entiers à faire remplir des questionnaires.

Ce n'est que quelques années plus tard, en me formant dans différentes méthodes thérapeutiques, mais surtout sur le terrain avec mes partenaires, que je me suis aperçu que ces années passées à poser des tas de questions pour mieux vendre avaient une **valeur ajoutée non négligeable pour l'aide à la personne.**

De rencontres en rencontres, de séminaires en séminaires et de partenaires en partenaires, je me suis rendu compte que nous n'avions pas d'enseignements spécifiques sur la question.

En décidant d'écrire ce premier essai, je me suis rendu compte qu'il pouvait être **complexe** d'expliquer comment nous pouvions poser des questions, qui plus est sur papier. L'objectif est donc de vous proposer quelques méthodes et techniques pour le **cadre thérapeutique.**

Certains outils pourront également vous être utiles dans le quotidien.

L'avantage de la question est que nous pouvons nous exercer dessus dans notre quotidien, partout et tout le temps. Vous avez donc un terrain d'exploration sans limite, **êtes-vous prêt à chercher des questions ?**

1- Pourquoi un essai sur la question ?

Nous sommes, pour la plupart d'entre nous, des praticiens dans différentes disciplines. Quotidiennement nous recevons des partenaires qui viennent pour des problématiques diverses. De nombreuses disciplines comme la PNL et l'Hypnose, peuvent donner **d'excellents résultats symptomatiques sur des sessions à l'aveugle.** C'est-à-dire que seulement avec les techniques et solutions de notre système, sans savoir de quoi parle notre partenaire, nous pouvons obtenir du mieux.

Cela fonctionne et tous les praticiens ont pu l'expérimenter facilement. Alors pourquoi se tourner vers la question alors que nos outils permettent d'avoir de bons retours sans en poser.

J'explique régulièrement que **nos "thérapies axées solutions" oublient souvent de s'axer sur l'humain.** Nous **cherchons le problème**, ce qui est relativement simple si on considère que la problématique du partenaire la représente (Tabac, poids, confiance...). Une fois le problème repéré, nous avons **une méthode prémâchée** : du tapping, un travail en submodalités, des swish patterns, des régressions, des mouvements oculaires... qui une fois mis en place, ne demandent pas d'autres interrogations.

Bien sûr j'exagère les traits et nous savons que nous prenons tout de même **attention à notre partenaire,** néanmoins, son histoire à moins d'intérêt que son problème... l'argument d'un de mes professeurs, à une époque, était que nous ne sommes **pas là pour faire de la psychanalyse mais pour avoir des résultats...**

Cela ne laisse-t-il pas songeur sur la qualité de l'écoute de l'autre ?

Autant il est **simple d'enseigner des techniques et facile de les assimiler**, autant travailler sur une posture et une écoute par le praticien demande de **longues années** d'apprentissage. Une des réponses classiques que l'on me donne, c'est que les questions sont posées pendant **l'anamnèse** et que cela nous permet de savoir. Comment pouvons-nous savoir, alors que notre partenaire qui vit avec son pathos depuis des années **ne sait même pas lui-même** ?

Nous pouvons constater que dans des disciplines comme l'hypnose, une fois que nous passons dans **la dynamique ritualisée,** il nous est enseigné de faire un long monologue. C'est d'ailleurs pour cette raison que nombreux sont les praticiens qui **demandent des scripts et des protocoles** pour résoudre un problème. Pourquoi ? Simplement parce que **nous ne posons plus de questions** au moment où notre partenaire est considéré en transe. Dès lors, nous fonctionnons **à l'aveugle dans l'espoir** que la suggestion que nous allons proposer, ou la structure que nous offrons puisse convenir.

Parfois certains vont même plus loin en souhaitant une amnésie de la session.

Qu'est-ce qui fait **tellement peur aux praticiens** dans la question, surtout pendant la transe ? Est-ce que nous aurions un malaise, si le partenaire nous exprimait **sa désapprobation** sur l'image ou la métaphore que nous lui proposerions ?

Est-ce que la réponse à nos questions, pendant cet état spécifique, changerait notre stratégie thérapeutique, à tel point que **nous serions perdus** pour la suite de la session ?

Savoir poser les questions, c'est aussi **apprendre à écouter les réponses** et les accepter. Même si les réponses ne vont pas dans le sens qui est **attendu par le praticien** (particulièrement quand le contre transfert est mal géré). La force de la question est à la fois de **nous replacer** en tant que praticien dans la justesse de ce que nous sommes, c'est-à-dire **un simple accompagnant** et pas un vendeur de solutions, et d'offrir aux partenaires la possibilité de diriger consciemment et surtout plus subconsciemment la session, vers la seule suggestion ou métaphore juste, **sa réponse** à ces questions.

2 - La question et la transe

La question est particulièrement utile en thérapie et plus généralement dans la vie quotidienne, parce qu'elle est **le déclencheur de nombreuses transes.** Pour rappel, dans ma sémantique, la transe est **un lien de communication entre le conscient et le subconscient.**

Cette communication permet **une meilleure focalisation** et ouvre à une potentialité d'hyper suggestion, si la transe ne se ferme pas.

Quand on me demande quelle est à mes yeux **la meilleure technique d'induction,** je réponds sans hésiter : la question. Cette dernière a une capacité extraordinaire de faire focaliser les partenaires ou nos interlocuteurs dans une **focalisation interne**. C'est-à-dire qu'ils vont rechercher en eux, la réponse à notre question. Plus notre question demande de précisions, plus nos patients doivent aller chercher en eux les réponses à nos demandes.

Ils peuvent montrer dès lors de nombreuses facettes passionnantes pour la suite de la session :

1 - Ils peuvent faire **une fuite** en répondant à coté ou en embrayant sur une idée qui n'a rien à voir avec la question posée.

2 - Ils peuvent **ne pas entendre** la question et reformuler autrement ce que vous avez proposé.

3 - Ils font un copier/coller des **réponses standards** qu'ils se sont répétées pendant des années et qu'ils ont peaufinées avec d'autres praticiens qu'ils ont rencontrés.

4 - Ils vont chercher en eux la réponse.

Qu'importe le processus proposé, le partenaire entrera dans une transe :

A - Une **transe automatisée** de fuite, donc une résistance et une possibilité pour nous de chercher à mieux comprendre sa transe de fermeture ou d'esquive, qui reviendra certainement des centaines de fois dans la session.

B - Il y a une hallucination négative, donc une fuite mais, en même temps, son conscient ne capte pas mais le subconscient lui offre une recomposition parfois plus proche d'une réponse que d'une fuite. Cette expression du subconscient est **une transe spontanée.**

Ici, nous sommes dans **la transe de pattern,** le partenaire s'est mis en message automatique. Nous pourrions nous faire dépasser assez rapidement, seulement, il nous donne un processus cognitif qui ouvre, si nous l'exploitons correctement, un ensemble de possibilités.

Une fois que nous comprenons que la question est une **induction**, nous ouvrons un champ de possibilités sans limite.

En effet, imaginez-vous le nombre de fois où **vous avez hypnotisé** des amis, la famille, des collègues ?

Maintenant que vous savez que vous pouvez hypnotiser n'importe qui, n'importe où, cela ouvre **une palette de possibilités** dans vos conversations du quotidien, comme dans notre démarche thérapeutique. Une fois que nous avons ouvert une transe, que pouvons-nous faire ? Et bien **continuer à questionner.**

3 - Question et Approfondissements

Qu'est-ce que cela vous fait de vous dire que parfois vous passez des semaines à comprendre une induction, alors que **vous êtes capable de le faire depuis des années** sans vous en rendre compte ?

Maintenant que nous amenons **notre partenaire dans une transe,** comme nous l'avons vu précédemment, il y aura des transes plus ou moins stables et nous savons qu'autant au cabinet, cela sera simple à gérer, autant dans d'autres situations, il est parfois difficile de **faire focaliser notre interlocuteur.** Comme dans nos sessions d'hypnose, nous allons prendre le temps d'**approfondir.**

Nous savons que nous pouvons, dans cet aspect conversationnel, **continuer avec les questions.** Comme je vous l'ai dit très souvent, nos partenaires comme nos interlocuteurs aiment **particulièrement parler d'eux.**

Même dans les résistances et les fuites, ils vont donner des éléments cognitifs qui pourront plus tard être recadrés, ou mis en lumière dans le cas de **mapping ou de reformulation.**

Le plus surprenant, c'est que parfois, une des réflexions classiques lorsque vous allez poser des questions, peut prendre une forme du type : 't'es de la police ou quoi ? Je n'aime pas parler de moi'…

Seulement, en rebondissant de nouveau sur **quelques questions**, vous verrez que même les personnes qui vous font le plus de remarques, se lâcheront sereinement. Et savez-vous pourquoi ?

C'est simple, la question **construit un pattern**, c'est-à-dire un schéma récurrent dans la conversation.

On sait qu'il faut entre 3 et 5 répétitions pour que cela mette le **facteur critique en off**. La résistance est logique parce qu'à un moment ou un autre, s'entendre dire à voix haute des choses que nous ne souhaitions pas dire, ou que nous ne nous étions jamais entendus prononcer, va faire une **rupture dans le pattern**.

Pour autant, cette rupture est exploitable au travers d'une **question dirigée**. En somme, une question affirmative qui est plus injonctive que liée à la recherche de réponses, simplement pour remettre en route le pattern qui a été interrompu et donner **au conscient la sensation qu'il a repris les rênes de la conversation**.

Une fois les patterns acceptés, nous savons que chaque question peut servir à **faire descendre le partenaire**. Cependant il faut que nos questions soient orientées de façon assez spécifique. Vous devez poser **des questions de précisions.**

Vous devez faire en sorte que le partenaire/interlocuteur, **aille chercher en lui des détails** de ce qu'il vient de vous exposer.

Vous pouvez poser des questions anodines, savoir le temps qu'il faisait, s'il y avait du monde, ce qui a été ressenti. Même s'il ne parvient pas à donner de réponses précises, cela n'a aucune importance, nous cherchons à **développer sa focalisation et la potentialité de le plonger plus entièrement dans son subconscient**, là où se trouve la mémoire à long terme.

Vous pouvez également chercher à toucher **les émotions** dans ce qui va être proposé par votre partenaire. Plus nous construisons **un lien avec le subconscient** moins le facteur critique va venir déséquilibrer la transe que nous mettons en place.

Dans votre démarche vous pourrez même entraîner vos partenaires dans des **phases somnambuliques**. Vous le remarquerez avec une sorte de blocage des yeux, différentes catalepsies, et dans un premier temps **une augmentation de la sémantique des méta modèles** : Généralisations, omissions et distorsions. En réalité, les questions peuvent sembler **confusionnantes**, ce qui fait que nous sommes dans un principe réinductif, donc d'approfondissement.

Les interlocuteurs sont, pour la plupart du temps, dans un **état très détendu quand ils maîtrisent** la conversation et que les éléments qu'ils exposent sont **'consciemment' maîtrisés**. Une fois que nous les impliquons dans une transe, nous allons voir un body language beaucoup plus **mobile**.

Par exemple, la personne va prendre du recul, croiser les jambes ou les bras, passer la main devant la bouche, voire la laisser devant. C'est une étape subconsciente de résistance, comme s'il savait qu'il allait être dans un **'pattern de réponse'**.

Plus il intégrera la transe que vous allez lui proposer, plus il va donc **s'approfondir,** plus ses propos vont dans un premier temps **être dispersés**.

C'est logique, le subconscient est en train de sortir un ensemble d'informations qui passent **sans 'jugement'** c'est-à-dire sans facteur critique, le conscient garde une certaine rationalité, il commence des phrases sans les finir ou il passe d'un sujet à un autre. Plus vous continuez vos questionnements plus vous devez diriger **vers ce qui vous intéresse**, vous prenez le lead, en permettant d'approfondir jusqu'à la stabilité de la transe.

4 - Avoir une stratégie avec les questions

Il y a une chose essentielle à prendre en compte quand on commence à poser des questions, c'est la capacité de mettre en place **un 'mapping'**. Dans ma sémantique, le mapping est une cartographie de tout ce que notre partenaire/interlocuteur va nous proposer. En effet, chaque réponse doit être prise en compte.

Si dans un premier temps les questions peuvent sembler **anodines,** rapidement nous allons chercher ce que veut vraiment exprimer votre partenaire et surtout **son histoire.** Plus nous aurons des informations plus nous pourrons faire des liens.

Comme vous le savez, notre subconscient est composé de **plusieurs éléments.** Nous avons pu le voir dans le chapitre précédent, la question ouvre une transe et nous permet **d'approfondir pour offrir une communication plus juste** entre le conscient et le subconscient.

Nous retrouvons donc :

Les mémoires à long termes ou Souvenirs : Nous stockons nos souvenirs dans notre subconscient, il est même possible de faire remonter des mémoires du passé.

1 - Les émotions : toutes celles que nous avons vécu et que nous sommes capables de vivre. Les émotions peuvent être positives ou négatives.

2 - Les patterns : Ce sont les schémas automatisés qui se répètent inlassablement dans notre subconscient. Cela nous fait avoir des comportements parfois dissonants.

3 - Les croyances et valeurs : Elles correspondent à des patterns psychiques qui donnent une direction morale à notre être.

Dès lors que nous interrogeons sur ces différents sujets, nous allons pouvoir **toucher le subconscient de notre partenaire.** Dès lors nous **remplirons la cartographie** que nous pourrons percevoir de notre partenaire/Interlocuteur. Il faut garder en tête que nous **prenons des informations,** petit à petit, session par session ou rencontre par rencontre. Comme pour les ennéagrammes, nous devons prendre en compte **le flux d'informations de l'instant.** C'est donc à nous de retenir les points clefs de chacune de nos interactions.

Quand vous allez poser vos questions, vous pourrez suivre **une stratégie de base,** en comprenant le contexte de ce qui est dit et ce qu'il en pense lui. Il est intéressant dans la sémantique d'appuyer sur : ' **Et TOI, tu en penses quoi ?'**

Il est important que le partenaire/interlocuteur ne soit pas **l'écho d'un autre** (ou d'un précédent praticien) mais qu'il soit vraiment lui. Une fois qu'il est sur lui, nous pouvons l'orienter vers ses souvenirs.

Pourquoi ses souvenirs ? Parce qu'il va pouvoir parler de **choses factuelles,** ce qui est important pour découvrir sa **Time Line** et lui permettre de se reconnecter à son passé puis à **ses émotions.**

La ligne du temps est utile pour nous, pour **situer** notre partenaire et l'ensemble de sa problématique ou du sujet qui est partagé. Nous pourrons dès lors **capter des régressions ou des progressions spontanées.**

Comme notre partenaire est dans sa transe, en connexion avec ses mémoires, il peut y avoir de nombreuses **prises de conscience** dans ces moments.

Les mémoires ouvrent toujours aux émotions, à une mélancolie, à une nostalgie, à une joie, à un bonheur, à une colère... Nous restons donc dans la **zone du subconscient**, et c'est là que nous pouvons 'exploiter' les **remontées émotionnelles.**

En session, c'est particulièrement utile, car c'est dans ces questions et dans ces moments que nos partenaires vont pouvoir **sortir des éléments essentiels** pour leurs thérapies.

Vous construisez votre mapping avec ces différents éléments.

Pour l'instant, cela reste **une prise d'informations,** les liens se mettront en place dans un second temps. Le fait de questionner suffira déjà au partenaire/interlocuteur de se rendre compte de **nombreux comportements dissonants et problématiques.**

Vous pourrez donc commencer à poser des questions sur ces comportements, en cherchant **les patterns**, les éléments récurrents et qui mènent vers des **volontés d'exploration ou de corrections.**

La plupart du temps, **les valeurs et les croyances** vont s'immiscer dans tout ce qui va être posé comme questions sur les différents schémas récurrents. Parce qu'ils sont souvent motivés par ces moteurs sans même s'en apercevoir.

Nous sommes dans le quotidien dans cette transpiration de nos valeurs et croyances, nous les proposons dans notre **body language, dans nos métaphores, nos mots** de chaque instant.

Une fois encore, c'est à vous de **prendre conscience** de tout cela en tant que praticien/interlocuteur. Je répète souvent que nous devons **prendre conscience de ce dont l'autre n'a peut-être jamais eu conscience. Tout est dans tout.** Que ce soit la manière de parler, de s'habiller, de vivre ou de construire des silences, toute sa problématique ou ce qu'il souhaite vous transmettre est présent.

Cela nous donne des informations que **nous allons valider** au travers de questions. Il faut juste ne pas s'auto valider comme **un expert de la détection.** Il est assez facile d'être persuadé de savoir ce que l'autre exprime ou 'cache' suite à des cours de micro-expressions et de synergologie. Pour autant dans la plus grande partie de notre vie, que ce soit dans la vie professionnelle, en thérapie, ou dans nos relations du quotidien, **rares** sont les fois où les interlocuteurs ne souhaitent pas répondre aux questions. Nous ne sommes pas dans Lie to me.

A partir du moment où nous avons suffisamment d'informations nous pouvons chercher les stratégies à mettre en place.

5 - Le Mapping

Revenons un peu sur le mapping, la cartographie de l'univers de nos partenaires. Pendant l'heure de session, il va y avoir de nombreuses informations. Certaines seront de valeur (**informations primaires**) et d'autres ne seront que des **informations secondaires**.

Plus vous allez prendre attention aux questions et plus vous comprendrez que par nature, **nos résistances** peuvent faire passer une **information secondaire comme étant de valeur**. C'est souvent le début de longues explications, de détails et surtout en observant votre interlocuteur, vous allez vous rendre compte à quel point **il est 'à l'aise'** avec cette diatribe.

Dans votre démarche thérapeutique mais également dans celle du quotidien, prenez le temps de **classer les différents éléments** qui sont proposés. Par exemple, les éléments de sa famille proche, les éléments de l'enfance, les passions, mais aussi les analogies qui sont récurrentes, les mots qui sont répétés sans cesse... Vous allez vous même **construire vos 'territoires'** sur ce mapping.

Ces mots récurrents vont avoir **une place privilégiée** dans votre carte. Cette semaine, un partenaire, revenait de façon récurrente sur le mot 'insupportable'.

Après lui avoir récapitulé ce qui est insupportable dans les émotions, les pensées et les sensations qu'il m'avait partagées, je lui ai demandé ce qu'il portait ? Qui lui a mis à porter ? Comment ce poids se situait en lui ? Pourquoi il souhaitait encore le porter ?

Cela a **dénoué** un schéma répétitif, et lui a permis de voir ce qu'il s'imposait de porter dans sa famille, comme regret et de nombreuses autres conscientisations.

Votre carte va donc **se remplir de territoires,** dans lesquels vont se trouver des points importants, **les villes.** Vous pourrez observer des liens qui se font entre certaines villes, je les compare à des **réseaux ferrés.** Certains seront rapides, d'autres des omnibus. Dans cette représentation, que vous allez vous faire, il vous faudra **proposer de nouvelles gares et de nouvelles connexions, tout en continuant à découvrir des territoires et des villes.**

C'est une des parties de la **questiosophie** qui peut prendre le plus de temps à maîtriser. Dans les liens que vous **allez proposer entre deux villes**, vous n'allez avoir aucun retour de votre partenaire. Le plus souvent, votre partenaire vous proposera une visite de l'une des deux villes, **une promenade, les fameuses résistances,** mais ne cherchera jamais à prendre le train que vous lui proposez pour avoir des informations nouvelles, ou des mentalisations.

Par exemple :

- J'ai un problème relationnel avec ma femme depuis le début de notre relation... >> **Territoire**
- Quel est-il ?
- J'ai besoin d'attention, qu'elle s'occupe de moi, mais depuis qu'elle a trouvé cette nouvelle activité, elle est moins disponible, et je sens que j'ai besoin d'elle...
- Qui est-ce qui s'occupait le plus de toi, avant ta rencontre avec ta femme ? >> **Liens /Réseaux**

- Ma mère... mais ma femme est le strict opposé de ma mère ! >> **Résistance**
- Je comprends, quand tu me dis 'qu'elle s'occupe de toi', ça signifie quoi pour toi ? >> **Détails du territoire**
- Être pendant un moment le centre de son monde, qu'elle s'occupe de moi en me caressant, en me faisant un plat que j'aime, tu vois quoi ...? >> **Détails du territoire**
- Et ta mère qui s'occupait de toi, enfant ça ressemblait à quoi ? >> **Liens /Réseaux**
- Rien à voir, ma femme a toujours été extrêmement attentive, elle a le cœur sur la main, elle est vraiment tout ce que je cherchais... >> Visite de la ville >> **Visite de la ville**

Prenons quand même en compte que même si nous sommes en pleine visite de la ville, c'est-à-dire entraînés dans **un évitement**, nous pouvons quand même prendre de l'information, et **rebondir** dessus ultérieurement.

Les deux grands problèmes du mapping :

1 - Nous ne savons pas **quand nous arrêter**. Nous commençons à voir un territoire, puis des villes, mais à la place d'avoir **des précisions utiles et des clefs** pour mieux comprendre la psyché ou les problématiques du partenaire, que je nomme **les monuments**, ils nous font faire un tour de la ville.

Et là, **nous ne savons plus où nous arrêter.** En réalité, nous allons dans des détails de choses qui ne sont pas réellement importantes.

Quand je souligne **sans importance,** c'est que pour la problématique où le sujet abordé, **à ce moment-là,** ça n'a pas de sens. La notion de temps est importante dans le mapping.

Certaines questions, à un moment donné ne donneront **aucune avancée,** mais à un autre instant, elles pourront être **la clef.** Il faut donc apprendre à sortir de la visite de la ville et poser des questions pour revoir les choses de **façon plus macro,** comme la ville ou le territoire, ou aller dans une reprise de lead **vers du plus précis**, à la recherche des monuments importants, enfin nous orienter **vers les réseaux**, les liens possibles.

2 - La difficulté de trouver **les bons réseaux**. Souvenez-vous, je vous ai dit que c'est comme construire des **gares entre les territoires ou les villes**.

SI j'utilise le mot réseau, c'est que parfois comme dans la téléphonie, ce n'est pas toujours **simple à capter**, voire nous n'arrivons pas à décoder les choses. Souvenez-vous, nous travaillons avec la question sur **le principe de transe,** donc nous savons que le subconscient n'est pas sur la même longueur d'onde que le conscient.

Le subconscient à sa propre sémantique et très souvent, elle n'est pas simplifiée comme des mots ou des phrases. Il va y avoir des moments où vous allez entendre des bribes de réponses, parfois vous aurez des images ou des sensations.

Nous devons à ce moment-là parvenir **à faire émerger à notre partenaire** un sens qu'il pourra exploiter et comprendre afin de **faire les liens sur le réseau** qu'il est en train d'utiliser.

Malheureusement c'est comme lorsque nous sommes dans le train, il y a des moments où tout semble clair et quelques instants plus tard, nous n'entendons plus rien. La plupart du temps en session, le **partenaire a eu une idée, une pensée qui lui permet de se déconnecter** et de ne plus se retrouver, voire de se souvenir ce qu'il vient de dire ou d'exposer.

Cette difficulté n'est pas anodine, parce que notre question peut entraîner dans une mentalisation de ce qui se passe, c'est-à-dire un **début de compréhension** de sa carte et des directions proposées, cependant pour différentes raisons, ce n'est pas le moment.

Le **réseau ne se met pas en place,** nous n'arrivons pas à faire connecter des villes ou des territoires. Si nous ne nous adaptons pas, nous allons **rester focalisés sur le lien** que nous aimerions faire tilter, et nos questions vont être dès lors redondantes et parfois enfermantes pour le partenaire.

C'est-à-dire que nous pouvons entraîner dans **une transe fermée** qui peut ne plus être exploitable, pour une partie de la session. Nous devons également noter le contre transfert que nous pouvons faire à ce moment-là.

Si vous arrivez dans cette problématique, retournez **sur vos bases,** en allant visiter un territoire, puis une ville vers les monuments, les points importants des thèmes abordés et une fois v**otre partenaire absorbé dans cette recherche** de détails, vous **recommencez des liens.**

Ce qui se passe très souvent, c'est que la question que nous avions proposée avant, et qui avait fait bugger, est tout même **entrée dans le subconscient,** donc il y a des informations qui peuvent être captées grâce à la nouvelle vague de questions, qui **répondront** plus ou moins directement **à ce qui a été posé avant.**

C'est à vous de sélectionner les thèmes qui **se rapprochent** de ce que vous étiez en train de prospecter.

Il faut, à ce moment-là, **une attention particulière** parce que vous êtes dans **un échange à deux niveaux :** *vous écoutez les réponses de la nouvelle vague de questions, en entendant les réponses du subconscient de la précédente.*

Gardez toujours cela en tête, à chaque nouvelle question sur les territoires, villes, monuments, vous êtes en train de compléter votre carte de chaque nouvelle réponse, vous offrant des 'histoires' des anciens territoires visités.

La création de la carte est un moment important pour le praticien, de plus, de session en session, **vous devez croiser les cartes** que vous allez avoir. Vous allez donc recommencer cette démarche constamment, et **le questionnement sera votre compagnon de route.**

6 - L'importance de la mentalisation dans le processus de conscientisation

La plupart des courants de thérapies brèves et d'hypnose **n'utilisent la question que lors de l'anamnèse.** Après cela nous mettons de côté cet aspect pour entrer dans une démarche mettant en avant la **compétence du praticien** qui va orienter le partenaire dans un cheminement intérieur.

Depuis que je bosse mon hypnosophie, grâce aux nombreux partages que j'ai eue dans les **Hypno-découvertes ou dans les Hypno-papotages,** j'ai souvent eu la remarque, que je ne laissais jamais mon partenaire tranquille dans sa transe. Il est vrai que d'années en années, je me suis rendu compte que **mes partenaires en mode passif,** étaient simplement dans un cheminement réceptif, qu'ils pouvaient avoir une évolution dans leurs problématiques, mais qu'il **leur manquait quelque chose.** En reprenant des travaux, j'ai pu croiser des retours d'expériences avec des théories psychanalytiques. Il y a une différence marquante entre :

- Le partenaire qui **vit en réceptif passif** sa session et les suggestions
- Le partenaire qui, dans une démarche plus active, **entend et accepte consciemment** des mots dont 'il avait besoin' depuis des années.
- Le partenaire qui **s'entend et s'écoute dire ces mots,** cette expression de son subconscient mais dans une forme plus consciente.

La parole et le verbe sont **des libérateurs de la psyché**. Nous avons la chance, en hypnose, de permettre une transe, c'est-à-dire **une communication entre le conscient et le subconscient**, avec la capacité d'équilibrer ce dialogue. La question est un magnifique processus pour permettre de se laisser dire, vivre et ressentir de nombreuses choses qui se passent d'ordinaire sans que nous en prenions conscience.

Certains me diront que la psychanalyse permet **l'expression du verbe** et que de nombreux partenaires, avec les années, **n'ont pas résolu leurs problématiques**. On pourrait en conclure que la prise de conscience ne sert à rien et qu'il est préférable d'avoir des solutions plutôt que de comprendre pourquoi. Cela a été mon discours pendant de nombreuses années.

Seulement, ce que l'on nomme conscientisation, **avoir conscience des choses,** n'est en réalité que la **mentalisation.**

C'est-à-dire que nous **comprenons mentalement** le processus, voire où nous nous trouvons, mais nous ne parvenons pas lier les choses entre **notre conscient et nos actions subconscientes et même inconscientes (le corps).**

Avec la question vous vous rendrez compte que votre partenaire peut **prononcer les mots sans les ressentir, sans les vivre.**

C'est en construisant des liens, en approfondissant, à la fois la transe et la finesse de la perception, que petit à petit des processus internes vont commencer à **s'enclencher**, comme si le triptyque : **Mental-Emotion-Corps, Conscient-subconscient-Inconscient** allaient créer un réseau.

Qu'enfin les émotions pourront être exprimées et entendues par le mental qui comprendra au travers du corps et de son expression, une forme de libre expression de l'être. A mes yeux, il n'y a conscientisation de l'être que si **ces trois éléments font un mouvement commun.** Tant que nous sommes dans un duo, il manquera **cette énergie de vie et de motricité de l'être.**

Notre objectif avec la question va être de permettre cette prise de conscience tridimensionnelle.

Quand vous allez constater que votre partenaire est **trop dans son mental,** qu'il veut absolument un contrôle avec sa tête, faites-le focaliser sur des **questions** qui concernent son corps, ses réactions.

En jouant avec **une démarche instinctive**, c'est-à-dire des réponses qui doivent être spontanées, avec le corps comme **un mouvement ou un soupir**...

Quand il est trop dans le corps, le plonger dans des émotions. La plupart du temps dans le cadre de la thérapeutique se sont des émotions plutôt négatives dans un premier temps, ce qui apportera parfois des évitements mais aussi **une reconnaissance petit à petit de ce qui est présent.** Il suffira après de travailler sur les liens entre les différents points.

Attention, ce n'est pas parce que nous avons pris conscience et commencé un mouvement que **tout est fini,** il y a de nombreuses étapes qui vont suivre, qui varient selon les systèmes que vous pratiquez, **avant l'intégration des changements.**

7 - Questionnement sur les trois centres

Il y dans notre humanité une récurrence au travers de **différents triptyques**. Comme cela, instinctivement, lesquels connaissez-vous ? On en retrouve dans la religion, la science, les arts…

J'ai grandi avec une tridimensionnalité qui était Shin-Gi-Tai, une notion des Budo (Voies de la Guerre) : **Esprit-Technique-Corps**. Je ne me rendais pas compte que je la recroiserai dans mon cheminement psychologique.

Et pourtant dans de nombreux principes psy comme les topiques freudiens : **Moi-ça-Surmoi**, les états du moi de Berne : **Parent-Adulte-Enfant** ou les logiques de l'hypnose : **Conscient-Subconscient-Inconscient,** nous retrouvons cette constance de la trinité.

Dans notre **questiosophie** cela nous offre une voie particulièrement **efficace** autant dans l'échange thérapeutique que dans celui du quotidien.

Nous avons vu dans un chapitre précédent que nous pouvons poser des questions sur les différents thèmes du subconscient, cette fois nous allons nous orienter **vers le mental, les émotions et les sensations**.

En étudiant l'ennéagramme, j'ai beaucoup aimé le découpage des différents types de personnalité mais encore plus **les catégories de base** qui sont les **Mentaux, les Emotionnels et les Instinctifs.**

Cela nous donne une compréhension sur le fonctionnement de nombreuses personnes que nous rencontrons.

Il existe ceux qui vont vivre dans leurs émotions constamment, qu'elles soient **refoulées ou surexprimées**, d'autres qui passent par le spectre du mental, pour **s'assurer** de ce qui est perçu, enfin il y a ceux qui semblent ne parler qu'avec un besoin du corps et de ressentis.

Outre cette différence qui peut assez rapidement être perçue, nous **sommes constitués de ces trois différents éléments.** Seulement nous ne les utilisons pas de la même façon et il y a toujours une catégorie que nous utilisons le plus : **une base.** Si je reprends la sémantique du Process therapy, il y a une phase complémentaire et **une sous exploitée** qui va souvent demander **un effort particulie**r (voire un stress) pour l'utiliser.

Nous allons donc pouvoir chercher, pour compléter notre mapping, les processus qui vont **ressortir** et ceux qui vont être **plus difficiles à connecter**. Plus votre partenaire exploite un centre et plus **il peut s'enfermer dans une transe** et ne plus faire évoluer la conversation ou la thérapie. Je vous indique un échange que j'ai eu avec un partenaire cette semaine :

- Je ne me sens pas à l'aise à parler en public... *(Ressenti)*
- Et qu'est-ce qui ne te met pas à l'aise ? *(Question sur le ressenti)*
- Tous les regards sur moi, j'ai l'impression que l'on me juge avant même d'avoir ouvert la bouche. *(Mental)*
- Tu t'es souvent senti jugé ? *(Question sur le ressenti)*

- Tout le monde juge tout le temps *(Mental)*
- Comment ça ? *(Question sur le mental)*
- C'est logique, tu sais que nous nous faisons une opinion en 3 secondes et que nous avons simplement 2 minutes pour convaincre, après c'est foutu, tu ne peux plus rien faire pour changer ce que l'autre pense de toi *(Mental)*
- Et ça te fait quoi de savoir ça *(Question ressenti)*
- C'est complètement stupide, on ne peut pas juger sans connaitre *(Mental)*

Mon partenaire commence à **surexploiter son mental,** pourtant son problème semblait être lié à **son ressenti,** seulement quand j'ai axé les questions dessus, il m'a **répondu en mental.**

On peut donc conclure que son centre mental est celui qui, dans le cas présent, est le plus utilisé.

Je vais donc poser des questions **sur les autres centres,** pour changer sa transe, celle **qui l'empêche** de gérer sa problématique, vous comprenez bien que s'il doit parler en public et qu'il mentalise qu'on le juge en moins de deux minutes, sa transe se fermera et la résistance empêchera une suggestion positive de **dépasser ce pattern.**

- Repense à un moment où tu as été jugé, ou bien même où toi tu as jugé, quelle émotion as-tu eue à cet instant ? *(Question sur l'émotion)*
- Euh... Moi je ne juge pas... *(Mental)*
- Ah bon ? Pourtant tu me disais tout à l'heure que tout le monde juge, n'est-ce pas ? *(Question Mental)*

- Oui mais c'est différent … *(Confusion mentale)*
- D'accord donc toi quand tu es jugé, quelle est ta première émotion ? *(Question émotion)*
- Je ne sais pas... *(Mental)*
- Imagine-toi, jugé lors d'une intervention par toutes les personnes dans l'assistance…
- Ça m'énerve !!! *(Emotion)*
- Ça t'énerve ? *(Question émotion)*
- Oui j'ai la rage contre ces c...ns *(Emotion)*
- Et qu'est-ce qui te met autant de rage ? *(Question émotion)*
- Bah ! les jugements !! *(Mental)*
- Que ressens-tu dans cette rage ? *(Ressenti)*
- Je trouve ça tellement idiot… et triste… *(Mental et Emotion)*
- Tu es triste d'être jugé ? *(Question émotion)*
- Oui… et ça m'énerve *(émotion)*

Nous pouvons donc observer que le **questionnement sur un autre centre** a ouvert une perception différente, le fait de faire un lien, celui de 'tout le monde juge et moi je ne juge pas' offre **une rupture du pattern du mental.** D'ailleurs vous voyez que quelques instants plus tard, il répond par un **'je ne sais pas',** une preuve que le mental n'est plus exploité comme avant et que **le passage vers un autre centre** peut se faire facilement.

Dans ce cas, la connexion aux émotions semblait le plus logique.

Notre partenaire a une problématique sur un ressenti négatif, qui est traduit par une hyper mentalisation qui va le bloquer, l'émotion nous offre une explication de sa mentalisation et nous pouvons avoir une partie du mapping qui se met en place :

-> *Ressenti négatif pour expression devant les autres >> Peur du Jugement >> Colère d'être Jugé >> Tristesse d'être Jugé >> Ressenti Négatif*

A partir de cette parcelle de carte que nous avons pu mettre en avant, nous pouvons diriger **nos questions vers une recherche plus profonde.**

Nous pouvons voir les liens qui se font, **les transes qui passent** et un partenaire qui est suffisamment profondément en lui pour avancer **dans son processus thérapeutique**.

- Comment ressens-tu cette colère dans ton corps ? *(Question émotion et Ressenti)*
- J'ai envie d'exploser, de gueuler et de leur dire qu'ils ne me connaissent pas et que ce n'est pas ce que je vais dire ou faire qui leur permet de me connaître *(Mental, émotions et ressenti)*
- Est-ce que, lorsque tu t'exprimes en public, tu as l'impression que c'est toi qui est jugé ? *(Question sur la problématique)*
- Oui
- Est-ce que c'est toi ou ta colère qui est devant ce public ? *(Mental)*
- Euh… je ne sais pas, quand je parle en public c'est quand même... moi… *(Mental et émotions)*

-   Reprends ton malaise d'être en public, maintenant connecte toi à ta colère et imagine que tu exploses en exprimant qui tu es et que tu prends conscience que ce qu'ils jugent ou notent, cela ne représente pas ce que tu es mais ce que tu fais… qu'est-ce que cela te fait ?
-   Ça fait bizarre…

Plus nous **avons un mapping qui devient clair**, plus nos questions peuvent devenir précises et offrir des suggestions potentielles que nous réutilisons **dans une partie plus ritualisée** de la session d'hypnose par exemple.

Dans un cadre plus quotidien, j'ai eu la chance d'assister à une discussion qui montre **l'importance des questionnements sur les trois centres**, pour avoir une meilleure compréhension de l'autre. Cette conversation a eu lieu entre Emmeline et Christine, je modifie juste quelques éléments pour que cela soit plus compréhensible dans la questiosophie.

C- Tu sais que tu peux être complètement à côté de la plaque quand tu dis ça *(Mental)*

E- Comment ça, en quoi c'était n'importe quoi ? *(Question émotion)*

C- Tu te rends compte que tout était clair avant ton intervention ? *(Mental)*

E- Pourquoi tu me dis ça !! Reprenons ce qui a été dit ?! *(Emotion qui tente de revenir en mental)*

Dans cette partie nous pouvons voir que la communication est mal engagée. Chacun questionnant ou argumentant **sur un centre différent**. Dans le quotidien nous fermons notre cartographie, nous ne visitons ni territoire, ni ville, ni monument.

Nous sommes dans un **dysfonctionnement de la communication** et surtout, nous commençons à entrer **dans des projections, des spéculations** et très souvent, comme dans cette situation précise, dans une tension.

C- Toi plutôt, qu'est-ce que tu n'as pas compris ? Ce n'est pas la première fois que tu fais ça ? *(Question Mental)*

E- Mais tu te rends compte que j'essaye de te comprendre et d'être le plus clair possible pour te répondre ? *(Question Mental mais avec énormément d'émotion)*

C- Je te demande juste de répondre à mes questions (Mental)

Après cela Emmeline s'est arrêtée de parler et s'est enfermée dans ses émotions. La situation aurait pu évoluer différemment si, pendant cet échange, Christine n'avait pas insisté sur le centre mental de Emmeline.

Ce centre est celui qui est **sous exploité** par Emmeline, ce qui fait que les questions de Christine **demandaient un effort important** et, ne réussissant pas à sortir de **sa transe d'émotion**, elle a subi les questions comme une **agression** qui l'a complètement fermée.

Christine était également dans sa transe de centre mental, Emmeline l'invitant à exploiter son centre **sous exploité**. Vous pouvez imaginer que le réseau est complètement brouillé et que rien n'est capté.

Vous trouverez, au fur et à mesure, les différentes facettes que propose le questionnement sur les différents centres. Vous verrez que si vous exploitez les **questions sur le subconscient** et que vous prenez de plus en plus attention aux éléments des centres, vous pourrez compléter votre compréhension de l'autre.

8 - Apprendre à observer les réponses

La question qui revient souvent c'est : où chercher les réponses ? Comme il peut y avoir **des ballades ou des évitements,** parfois nous ne savons plus quoi prendre en compte.

Je dis régulièrement qu'il faut regarder l'ensemble des éléments de notre partenaire, mais je pense que celui qui a le mieux distingué les aspects à prendre en compte est **Mr Éric Berne**, le fondateur de l'analyse transactionnelle.

Je vous invite dans votre questiosophie à prendre en compte les points suivants :

Les Mots : Nous savons que la sémantique est quelque chose de particulièrement important dans le cheminement thérapeutique. **Nous n'utilisons pas un mot au hasard.** Bien sûr il est impératif de comprendre la définition personnelle de chaque mot. Nous pouvons avoir un gros problème dans nos mappings, si nous partons dans une direction qui est un homonyme. Imaginez deux villes qui portent le même nom. Si vous vous dirigez vers la mauvaise ville, vous allez **avoir un souci pour faire des liens** et pour vraiment découvrir le territoire qui est proposé.

Chaque mot est une histoire, chaque mot est un **chemin de la compréhension** de notre partenaire/interlocuteur.

Nous écoutons les mots et nous prenons le temps de les questionner. Vous verrez que vous pourrez aussi saisir s'ils sont plutôt **liés à l'émotion, au ressenti ou au mental**.

Le mot est **un allié autant qu'un ennemi** qui peut nous perdre. Dans ce cas ce n'est pas la fuite ou la résistance de notre partenaire, mais un **potentiel contre transfert** sur cet élément.

Le Ton : Le timbre de voix va avoir une grande importance. Sans entrer dans des détails de l'AT, vous pouvez facilement vous rendre compte quand une personne **prend une voix d'enfant**, ou au contraire quand il y a **une pointe d'autoritarisme**.

Le **ton transforme** le sens des phrases, parfois entraîne une confusion quant à l'utilisation du mot qui a été proposé. C'est là que nous devons prendre attention de ne pas **nous perdre** entre des oppositions de sens du mot et le ton utilisé avec le mot.

Pour cela nous avons la question, cela va nous éviter de **construire une projection**. Nous devons prendre le temps de bien comprendre ce qui veut être transmis par notre partenaire/interlocuteur.

Les Micro-expressions : Si vous connaissez un peu les travaux de Eckman, ou plus simplement la série Lie to Me, vous avez déjà entendu parler des micro-expressions. Nous avons tous, sur nos visages, des clefs **pour nous ouvrir à la compréhension de l'autre**. Ces expressions sont particulièrement courtes, elles ne passent que pendant un bref instant.

Eckman a défini **sept expressions universelles** que nous pouvons utiliser comme informations. Bien sûr ne devenez pas devin et ne partez pas dans un processus de lecture de pensée.

Un des dangers de l'étude des comportements et des micro expressions, c'est que rapidement nous pouvons avoir **l'impression d'être dans le 'vrai' et le 'juste'**, de savoir ce que l'autre pense, ou n'exprime pas. C'est un très gros danger. Nous pouvons oublier la question, alors pensez bien, lorsque vous observez, de ne pas entrer dans des **interprétations définitives**.

Voici les différentes micro-expressions que vous pouvez apprendre à découvrir : **joie, surprise, colère, dégoût, peur, tristesse, mépris**.

Les gestes : Il est impossible de ne pas communiquer, même si nous nous taisons, nous savons que nos comportements peuvent indiquer de nombreuses choses. Il existe des écoles et des techniques qui décodent les différents gestes, c'est le cas notamment de **la synergologie**. Apprendre à observer les gestes peut être une chose qui vous **permettra de valider ou d'invalider** ce qui est dit.

Votre partenaire ou interlocuteur peut, par exemple, vous dire oui avec ses mots, avoir un ton qui est assez neutre, sans passion, et des gestes de négation de la tête. Une fois encore, vous **pouvez questionner** pour savoir ce qui donne **cette contradiction**.

La posture : Là encore, je suis certain que vous vous êtes déjà fait la remarque, que certains ont **l'air d'avoir un balai dans le c..**, que d'autres sont **toujours voûtés et semblent timides**.

La posture peut nous donner de nombreuses indications, d'ailleurs la plupart du temps **votre première impression** passe par la posture.

Vous allez voir les personnes qui sont en confiance avec vous, celles qui ne le sont pas. Vous allez voir les gens nerveux, et les décontractés. A partir de là, vous pourrez comprendre certains comportements et voir les sujets qui feront changer **la posture**.

Tous ces éléments vont **se greffer à notre mapping** et nous donner des clefs d'entrée dans l'univers de nos partenaires. Et je le répète une fois de plus, ne cherchons pas à faire comme en PnL ou comme en Hypnose Indirecte, c'est-à-dire prendre seulement les informations pour les réutiliser ou pour traduire des façons d'être. Au contraire, nous les prenons pour **découvrir encore davantage** la personne qui se trouve en face de nous. Il est important d'oublier nos connaissances.

Nous devenons **des experts de l'observation mais surtout nous évitons de devenir des experts de l'interprétation.** Parfois la connaissance et son excès d'exploitation dans la questiosophie, peut nous ralentir ou nous empêcher d'avancer correctement avec nos partenaires.

Restons le plus possible l'esprit ouvert, **avec une grande curiosité** de ce qui est dit et transmis par les différents canaux que nous venons de voir.

9 - Les Questions sur la Ligne du Temps

Vous avez pu mettre en place un mapping sur les différentes facettes du subconscient et sur les centres. Maintenant vous pouvez également y ajouter un questionnement sur **la ligne du temps**.

Qu'est-ce que cette ligne du temps ? C'est un outil purement **symbolique** que nous utilisons au quotidien pour parler **du passé, du présent et du futur**. Il est intéressant de pouvoir définir la cartographie de notre partenaire sur des périodes définies.

Imaginez une carte de Paris au douzième siècle et une carte actuelle. Même si certains monuments étaient déjà en place, d'autres n'existaient pas encore. Cela **va avoir une influence sur le récit** que va nous faire notre partenaire/interlocuteur.

La perception que nous avons sur la ligne du temps est naturellement filtrée et transformée par le temps. Une information que vous avez entendue il y a quelques heures, **sera plus précise** et surtout plus conforme à la 'réalité' que celle que vous avez eu il y a 3 ans.

De plus, le questionnement sur la ligne de temps est un outil qui permet, ce que nous nommons en hypnose, des **régressions.**

Dans le modèle hypnotique classique il y a **toute une procédure à mettre en place** dans la transe du partenaire pour le faire partir dans une régression.

Dans le cas de la question, nous avons vu que la mise en transe se fait assez facilement.

47

La question pour la ligne du temps, **ramène facilement dans des images du passé, dans des scènes et des émotions de ces instants-là**. Voici ce qui arrive fréquemment :

- Quand est-ce que ça t'est arrivé la première fois.
- Euh… je ne sais pas trop …
- C'est récent ?
- Euh… non, non c'est vieux…
- C'est-à-dire vieux ou très vieux ?
- J'étais gamin...
- Gamin… une idée de l'âge ?
- J'avais 6-7 ans
- A 6-7 ans ; alors que s'est-il passé ?
- Mes parents étaient absents et j'étais à la maison
- Tu étais où ? Tu étais seul ? Tu te souviens comment tu étais habillé ?
- Seul dans ma chambre mais ma sœur plus grande était en bas… je crois que j'étais en salopette

Nous pouvons voir que les questions **deviennent de plus en plus précises** et que notre interlocuteur va se replonger dans le monde qu'il a vécu. Nous complétons en interrogeant **les émotions et les perceptions, en plus du souvenir mental**.

Le plus extraordinaire, c'est qu'en jouant sur cette ligne du temps, de nombreux partenaires font **des régressions à la cause spontanées**.

La plupart du temps, ces mémoires oubliées reviennent **quand il y a déjà un retour sur des moments du passé**.

C'est comme si à ce moment-là, le subconscient, en se remémorant, allait chercher **plus précisément** dans les mémoires à long terme pour répondre aux questions que le praticien pose.

Nous pouvons facilement approfondir la transe de souvenir de notre partenaire en faisant **des allers retours entre la problématique de départ** et les souvenirs de régression. Il existe en hypnose un approfondissement que je considère comme le plus puissant de tous, le **fractionnement.**

En posant des questions qui vont entraîner de la **question de départ aux souvenirs,** puis en retournant sur la question de départ, puis en demandant plus de précisions sur la problématique, nous faisons **comme en plongée sous-marine**, pour aller à un palier plus profond, nous devons remonter un peu plus.

D'une hyper-focalisation du souvenir, nous **interrompons le pattern**, puis nous retournons dans cette focalisation. La transe est donc de plus en plus forte et c'est grâce à ces profondeurs que nous obtenons **des retours spontanés** de mémoire de nos partenaires.

Enfin, cette 'timeline' comme le nomme nos amis anglo-saxons, est très utile **dans un travail de futurisation**, que nous retrouvons fréquemment que ce soit en hypnose, en PnL ou en coaching. Il est simple de permettre à un partenaire/interlocuteur **de se projeter dans ce qu'il veut, dans ce qu'il attend.**

Des questions simples comme :
-   Comment te verrais-tu … ?
-   Qu'attends-tu … ?
-   Et que décides-tu maintenant pour les mois à venir ?

Les travaux sur la ligne du temps, vous permettront de **mettre une dimensionnalité en plus** dans vos échanges. Vos stratégies thérapeutiques ou de découverte prendront en compte l'aspect temps-espace, et votre carte se complètera de façon plus fine.

10 - On n'aime pas les questions

Il y a de nombreuses choses que nous n'apprécions pas et particulièrement, les questions. Vous allez vous en rendre encore plus compte en utilisant **les principes de Questiosophie.**

Rapidement, vous verrez que les personnes avec qui vous allez discuter, **ne vont pas spécifiquement apprécier** votre intérêt soudain pour eux, pour ce qu'ils disent et ce qu'ils expriment.

C'est un des paradoxes qui se révèle dans les dialogues. Comme je le soulignais au début de cet essai, tout le monde souhaite être écouté. Tout le monde souhaite dire ce qu'il a en tête. Seulement lorsque vous **demandez des détails, des précisions**, lorsque vous sortez des patterns, ça change la donne. Je vous rappelle que les patterns **sont des schémas répétitifs,** les partenaires aiment s'entendre répéter ce qu'ils ont pensé, ce qu'ils ont analysé, ce qu'ils ont construit ou vécu. Mais à partir du moment où vous **dépassez les automatisations de la psyché**, il peut y avoir un malaise.

Nous avons pris l'habitude de particulièrement **mentaliser nos histoires**, c'est comme si nous avions une autoroute que nous utilisons quotidiennement pour nous diriger toujours dans les mêmes villes et territoires.

La plupart du temps, cette route reprend également une **ligne du temps spécifique.**

Imaginez maintenant que lorsque vous allez poser des questions, c'est un peu comme si vous invitiez votre interlocuteur **à prendre des petites départementales, des routes inconnues**, qui ont de fortes chances de ne pas rendre aussi confortable l'échange et le voyage dans le temps.

C'est souvent à ce moment-là que vous passez pour un **agent de la Gestapo.** Lorsque nous sommes dans le cadre de la thérapie cela n'a que peu d'importance, au pire cela va entraîner **un transfert** spécifique du partenaire vis-à-vis du praticien. Nous pourrons l'utiliser dans le cadre que nous avons posé.

Dans le quotidien, cela deviendra assez **rapidement gênant** avec nos interlocuteurs. Il y aura souvent une **fermeture,** vous pourrez le constater avec un ton qui s'abaisse, des évitements sur les questions, des gestes de recul et une posture qui devient de plus en plus rigide.

Il est important **de ne pas fermer la transe** de votre interlocuteur, dans ce cas posez des **questions sur un autre sujet** afin de rebondir un peu plus tard sur ce qui vous intéresse réellement.

Il y a une autre façon de faire, la fermeture peut avoir touché une émotion, une pensée ou une sensation de notre partenaire, **il n'avait pas prévu ce contact** avec lui-même.

Dès lors **il entre dans une transe**, il peut y avoir une confusion intérieure, une sorte de stress. Vous pouvez, dès lors, **simplement rebondir** sur une chose que vous-même vous pensez ou avez vécu, cela ouvrira une **suggestion de continuer.**

Cela part d'un principe qui est connu en PnL, « quand tu souhaites que quelqu'un aille quelque part, **fais le premier pas.** »

Vous verrez également que les questions, celles auxquelles on n'aime pas répondre deviennent **des alliés fabuleux** pour apaiser et calmer les personnes agressives ou en colère.

En général, il est **difficile de calmer une personne** et la plupart du temps nous sommes dans une démarche d'injonction directe : 'Calme toi ! Respire ! Cool'. Ce qui, dans une transe fermée, revient à parler dans le vide.

La question devient **une rupture de pattern.** Par contre vous devez en quelques questions **bien toucher votre interlocuteur.** Il est impératif de ne pas tourner la question vers soi. C'est-à-dire que des phrases du type : « Mais qu'est-ce que tu veux que je fasse ? Qu'est-ce que j'y peux, moi ? »

Comme nous avons pu le voir, les questions sont utiles quand elles **sont tournées vers l'autre**, quand nous pouvons découvrir le monde, la cartographie de notre partenaire.

Il est donc indispensable de bien interroger sur ce que notre partenaire **vit** dans sa colère ou son agressivité. Plus votre question **le focalisera** sur ses émotions, ses sensations et sa pensée, plus **l'objet de la colère** sera pris comme élément secondaire, plus vous allez l'interroger sur lui, plus il va vous donner des éléments clefs.

Voici un exemple type que j'ai vécu récemment :
- Ce que tu fais est inadmissible, tu ne devrais pas !
- Qu'est ce qui te dérange avec ça ?

- Tu n'as pas à faire cela ici, tu manques de respect !
- Pour toi, qu'est ce qui se passe ici ?
- Tu es en train de mettre ton ami mal à l'aise !
- Tu te mets en colère parce que tu trouves que mon ami est mal à l'aise ? Et toi ça te met mal à l'aise ce que je fais ?
- Oui, ça m'énerve même.
- Tu t'énerves parce que tu es mal à l'aise ?
- Oui
- Est-ce que tu as l'impression que cela est un manque de respect pour toi ? Tu as déjà vécu sa situation ?
- Non, mais je n'aimerais pas, ça me met mal à l'aise.
- On t'a souvent manqué de respect ?
- C'est important de respecter les autres.
- Je comprends.

La question nous permet donc de **mieux gérer les échanges** avec les autres et même si parfois nous aurons des interlocuteurs qui peuvent **avoir l'impression d'être à un interrogatoire**, à vous de développer **une souplesse.** Parfois, il faut reculer un peu, revenir sur des questions légères avant de repasser vers l'interlocuteur et la compréhension de son mapping.

Être questiosophe, c'est respecter notre partenaire et l'écouter, le découvrir en lui permettant d'être le plus à l'aise possible.

11 - Les Questions Internes et Externes

Revenons maintenant aux différents types de questions que nous mettons en place. Nous savons que nous pouvons utiliser **les questions du subconscient, les questions sur les centres et celles sur la ligne du temps.** Dans cette partie nous allons aborder un autre type de questionnement qui va nous permettre de compléter notre cartographie.

Vous remarquerez que très souvent quand nous avons une conversation avec un interlocuteur, il focalise sur des **faits, des évènements.** Notre objectif est de régulièrement le faire **repasser sur le filtre** des perceptions et du ressenti.

Dans cette dynamique notre partenaire, va pourvoir nous offrir **des données plus ou moins factuelles** dont nous pourrons exploiter les retours avec ce qui est vécu en interne.

Vous allez avoir une description du territoire ou même de la ville, ce qui vous permettra de voir **la perspective de la problématique.**

Et dans cette mise à plat des faits et des différentes facettes, pour la plupart des patients cela revient à **répéter un pattern descriptif de leurs pathos.**

Vous allez petit à petit l'inclure dans la démarche de **recherche et de compréhension de son histoire,** par des questions qui vont le faire passer d'un fait à une émotion ou à une sensation, par exemple :

- Mon père était violent, je me souviens petit que je me suis retrouvé à protéger mon petit frère après qu'il ait bu…
- Ton père n'était violent que lorsqu'il avait bu ? (Externe)
- La plupart du temps, en réalité il était tout le temps avec une bouteille ouverte.
- Et ça te faisait quoi de voir ton père violent et sous alcool ? (Interne)
- Je détestais ça !
- Qu'est-ce que tu détestais le plus ? (Interne)
- De ne rien pouvoir faire !!
- Il y a un moment particulièrement où tu n'as rien pu faire ? (Externe)
- Oui, je me souviens une fois avec ma mère

La plupart du temps, nous ramenons **à des régressions** comme avec le travail sur la ligne du temps.

Comme pour les outils précédents nous avons également un **approfondissement** qui se met en place naturellement et donc une transe qui **est beaucoup plus stable**.

Dans la perception interne et externe, il y a très souvent des **prises de conscience**.

Beaucoup de nos partenaires se sont dissociés de leurs histoires.

Ils les ont mémorisées, ils les connaissent, comme pour les Parisiens qui passent tous les jours devant la Tour Eiffel ou l'Arc de Triomphe, il y a une habitude et au bout du compte, il n'y a plus aucune connexion avec ce qui peut être vécu.

C'est parfois en faisant visiter sa ville avec des personnes qui **prennent le temps** de poser des questions ou tout simplement qui laissent exprimer leurs émotions, que nous retrouvons le réseau qui permet de revivre une **émotion spécifique.**

C'est un peu ce que nous allons faire dans ce type de **questionnement interne et externe**, nous laissons notre partenaire **nous guider** dans sa carte, dans ses rues, ses monuments qu'ils ne regardent plus. Des moments d'histoire ou de vie qui n'ont plus aucun relief.

Puis dans cette **dynamique automatisée**, nous commençons à lui demander ce que lui en pense, ce qu'il ressent, ce qu'il vit en lui quand nous lui faisons de nouveau regarder ce qu'il **a l'impression de connaître par cœur.** Très souvent nous ne regardons plus parce que nous évitons de regarder, pour ne **pas redémarrer ou réactiver une blessure.**

Par exemple :

-   Alors j'ai vu avec mon précédent psy que j'étais cyclothymique
-   Qu'est-ce que pour toi être cyclothymique ?
-   Il m'a bien expliqué ce que c'était et c'est exactement ça, je suis comme ça... cyclothymique...
-   Et toi tu le définis comment à l'intérieur de toi ?
-   Je passe de bien à mal en un instant
-   Et tu sens donc que tu es comme cela dans ta vie ?
-   Euh... oui... enfin c'est ce que l'on a trouvé...
-   D'accord, et toi tu vis donc des changements en toi de bien à mal, c'est ça ?

- Oui
- Et l'inverse de mal à bien ?
- Euh... je ne me suis pas demandé ...
- Je te le demande, est-ce que tu passes d'un état négatif à un état positif ?
- Oui, ça m'arrive, effectivement
- Et tu ressens quoi de te dire que tu peux passer d'un état à l'autre, qu'importe le sens ?
- C'est un peu plus cool...

Nous constatons que **la pancarte** qui lui a été posée et qu'il n'a jamais cessé de porter pendant des années a fait en sorte qu'il ne puisse **rien percevoir** dans ce qu'il vit. Il est simplement dans une perception extérieure, et même quand dans un premier temps, je le reconnecte en interne, il **repart directement** vers l'externe. Ce sont souvent ces moments qui peuvent ouvrir un véritable **changement de perception** de la part de nos partenaires.

Dans cette démarche, il peut y avoir l'inverse c'est-à-dire que notre partenaire s'est tellement **enfermé** dans une compréhension d'un pattern qu'il l'observe comme étant inéluctable, qu'il ne regarde plus du tout les perceptions externes.

C'est à nous de poser les questions qui permettent de le faire **sortir de son monument** et qu'il puisse nous montrer ce qui se passe autour dans la ville ou dans le territoire.

Par exemple :

- Je fume parce que je souhaite que les gens ne me voient qu'au travers d'un voile.
- Un voile ?
- Oui, on l'explique bien en décodage biologique, c'est une forme de protection au monde !
- Une protection au monde ?
- Oui les gens extérieurs qui pourraient me faire du mal ou ne pas être sympa avec moi.
- Et tu as des exemples de moments où tu as senti qu'on te faisait du mal ?
- Plein oui, depuis que je suis petite !
- Et la cigarette t'a-t-elle protégée ?
- Euh... bah... non mais c'est une défense supplémentaire pour pas que l'on m'approche !
- Et quand tu es dehors en train de fumer avec des collègues ou des amis, personne ne t'approche ?
- Bah si...
- D'accord la cigarette à ce moment-là, vis-à-vis du monde extérieur te sert à quoi, en réalité ?
- Me retrouver avec mes collègues....
- Est-ce que dans ce cas-là, tu penses que la cigarette, n'a qu'un rôle de protection ??
- Non... ça change tout...

Nous sommes souvent dans le même type de situation avec des amis ou pendant des rencontres professionnelles.

Nos interlocuteurs sont persuadés de la **cohérence de leurs propos**, ce qui dans **leurs filtres** est complètement juste, seulement en parvenant sans imposer de vérité, mais bien grâce à la question à percevoir **un autre cadre** (une autre facette du **recadrage**), nous parvenons à ouvrir la communication et surtout l'échange.

12 - La question évite la toute puissance

Pendant une rencontre en hypno-papotage, le groupe échangeait sur **ses points de vue** à propos de la question. Une réflexion m'a particulièrement marqué.

' **Tu poses des questions pour contrôler !**'. J'ai trouvé la remarque intéressante et j'ai commencé à interroger mon interlocutrice sur le fondement de cette perception. Pour elle, poser des questions **c'est vouloir prendre pouvoir sur les autres.**

Ce qui est une pensée qui, à ce point de l'essai, semble assez contradictoire avec la recherche en questiosophie.

Nous avons vu que l'une des premières choses que nous cherchons dans la question est de **comprendre notre partenaire et interlocuteur,** afin d'éviter des interprétations ainsi que le maximum d'interprétations possibles de ses mots, de ses territoires, de sa carte.

Posons-nous quelques questions…

- Est-ce que si je veux prendre pouvoir sur une personne **je cherche à savoir ce qu'il pense** ou est-ce que **j'impose** mon opinion ?

-Est-ce que lorsque nous échangeons avec des amis et que la conversation devient tendue, nous sommes dans **une phase de questionnement** ?

Ou au contraire nous haussons le ton pour bien nous faire entendre, ou plutôt pour bien s'entendre soi-même dans ses vérités ?

- Est-ce que la question contrôle la réponse ? Est-ce que **dans une thérapie** le contrôle a sa place ? Est-ce que vous sentez du contrôle quand vous demandez plus d'informations ?

Bien sûr nous pouvons utiliser stratégiquement la question dans **une démarche conversationnelle** spécifique, afin d'orienter notre partenaire vers notre vérité. Cette vérité passant rarement par une question.

A mesure que je cherche à mieux comprendre la communication, je commence à développer une méthode que je nomme **Système Transe-Mission (STM)**. Comme c'est une synthèse de différents courants que nous connaissons, avec mon filtre, je **comprends le fond de la remarque.**

Evidement que nous pourrions utiliser la questiosophie dans une recherche de '**manipulation**'. Seulement, nous reviendrons sur le débat, à savoir si toute forme de communication n'est pas une recherche de pouvoir ou de **prendre pouvoir sur un objet ou un sujet.**

En restant sur le thème de cet essai, nous avons vu plusieurs types de questions et la façon de les utiliser dans le cadre de la thérapie comme dans un cadre plus quotidien. Vous avez pu constater surtout si vous avez commencé à expérimenter que nous sommes dans une **recherche qui va au-delà de la question de prise de pouvoir.**

Nous ne cherchons **pas à voler la carte** de notre interlocuteur, mais nous cherchons à mieux la comprendre, à avoir une meilleure visibilité de ce qui se passe dans les différents processus conscients, subconscients et inconscients. Si la carte amène à un trésor quoi qu'il arrive **nous n'en serons jamais les bénéficiaires**.

C'est nos partenaires qui vont pouvoir aller et découvrir dans leurs territoires, leurs villes et leurs monuments, des trésors qui n'attendaient que quelques questions, quelques mots, quelques sensations, **pour briller à plein jour.**

Allons plus loin. Dans le cadre du cabinet comme dans le cadre amical, la question **est une vraie marque d'intérêt** de notre partenaire. Bien sûr, la question impose de **développer l'écoute** qui va avec. A mesure que nous affinons nos compétences de questiosophes, nous nous rendons compte que **nous acceptons plus facilement**.

Nous prenons plus le temps de **comprendre l'autre**, sa logique, ce qu'il vit émotionnellement et physiquement. Nous sommes dans un lien qui est naturel. Ce qui est même une version beaucoup plus subtile du rapport de PnL avec son mirroring-pace-lead.

Avec les mois et les années, nous **devenons de plus en plus ouverts** aux différentes possibilités, aux différentes cartographies des mondes. Nous jugeons de moins en moins, nous **acceptons ces différences**, ces fonctionnements, nous **acceptons naturellement l'autre**. Les questions ouvrent également cette possibilité **de ne plus projeter ou beaucoup moins.**

Cette logique que de nombreux thérapeutes avec les années peuvent développer : ' c'est un cas que je connais, que je maîtrise…'

Plus nous voyons la description de cartes sur un même sujet et plus nous comprenons que l'artiste, notre partenaire, **l'a peint à sa manière** et que dès lors ce n'est pas pareil qu'un autre. Avez-vous déjà vu des croquis de Notre Dame à Paris ? Que ce soit dans un dessin animé de Disney, sur un dessin de carte postal, ou une prise de vue d'un cinéaste, nous savons que c'est **le même monument, présenté et vu différemment.**

Dans la thérapie, nous irons **de moins en moins** vers ce que nous pensons être juste, mais de plus en plus dans des questions qui permettront des liens. De plus, quand **nous sommes sur une idée**, il nous suffit de demander pour savoir si notre raisonnement et notre façon d'orienter **la session est juste ou pas**.

Avec l'expérience, nous verrons les questions qui **entraînent les évitements**, celles qui **vont tomber à côté,** celles qui vont toucher mais qui vont **faire fuir** notre partenaire. Tout cela, nous le notons et ainsi nous savons quand et comment proposer les éléments afin de **permettre une meilleure dynamique de session.**

Dans l'hypnose, je dis souvent que mes partenaires peuvent me dire si **mes suggestions leur conviennent**. Même si parfois je reprends leurs idées, il peut s'avérer que j'ai changé un sens dans ma suggestion, où que j'appuie sur un mot, qui avec **un certain ton, peut donner une autre interprétation et une autre sensation à notre partenaire.**

Pour cette raison, je ne cesse de vérifier, ce que je nomme un 'check'. C'est par exemple :

- Comment te sens-tu ?
- Qu'est-ce que ça te fait ?
- Il se passe quoi en toi ?
- Que vis-tu ?
- Peux-tu me dire la pensée qui t'es venue directement ?

En posant de plus en plus de questions, nous ne déséquilibrons pas la transe, sachant que, comme nous l'avons vu plus tôt dans cet essai, la question permet la plupart du **temps la focalisation en interne**, et au pire s'il émerge un peu, la suggestion suivante sera orientée vers un approfondissement.

Donc pour ceux qui pourraient croire que la question pendant la transe hypnotique fait trop appel au conscient et à 'réveiller', n'ayez crainte.

Nous laissons le pouvoir et la puissance au partenaire. Il peut dire 'non', ne pas être d'accord, s'exprimer naturellement. En ce cas nous pouvons remarquer que l'hypnotiste, à ce moment-**là, n'est plus que l'accompagnant qui s'ajuste** et plus le pratiquant qui va imposer sa suggestion ou sa métaphore à l'autre.

13 - Comment s'exercer au quotidien ?

L'intérêt de la questiosophie c'est que nous pouvons **l'utiliser à chaque instant de la journée**. Vous verrez que très rapidement vous prendrez l'habitude de questionner les personnes qui vous entourent.

Cela peut **surprendre** certaines personnes. Quand pendant des années nous avons côtoyé des personnes qui ne posaient aucune question, ou que nous sommes dans un monde qui est plus **sur l'impératif que sur l'interrogatif**, cela peut sembler dissonant.

Je m'en rends compte lorsque je croise des personnes que je n'ai pas vues depuis longtemps et que je pose des questions, assez rapidement, nous arrivons à des questions dont ils n'ont pas **une réponse préétablie**. Cela met les personnes **un peu mal à l'aise**.

Dans ces cas-là, passez à autre chose et puis laissez-les parler sur des sujets divers, vous trouverez toujours des thèmes qui semblent **être passionnants pour votre interlocuteur**.

Il faut vous rendre compte que la question demande une **énergie particulière**. Vous allez pendant un laps de temps éviter de parler de vous.

Cela parait simple mais vous allez être surpris du nombre de fois où **vous êtes centré sur vous**.

Il y a comme un pattern en nous qui s'enclenche très facilement, et nous dissertons sur tout et rien.

Si vous souhaitez vous entraîner le plus possible, il va falloir trouver **le bouton off**.

Une fois de plus avec justesse, en sachant que si votre interlocuteur vous pose une question, il ne va pas falloir **éteindre la question** en quelques mots, sinon vous ne l'inviterez jamais à exprimer plus d'informations de sa part quand vous allez vous-même poser des questions.

Comme il y a de nombreux types de questionnements, vous devez **garder en tête la carte qui se dessine** devant vous. C'est dans cette prise d'attention **et cette écoute spécifique que vous allez orienter votre énergie.** Vous verrez que, parfois cela n'est pas simple d'entendre certains retours, c'est comme si nous passions pendant un instant dans une transe qui nous coupe de notre partenaire. Il est bien de **tenter des questions** partout où vous vous déplacez. Que ce soit au super marché, dans un train, au restaurant, dans un bar… Vous pouvez prévoir le matin un **nombre d'interactions en question** que vous souhaitez mettre en place. Vous pouvez commencer par 5 ou 10 par jour. Vous verrez que certaines interactions ne passent pas, et cela vous permettra de mieux orienter les questions à venir.

La plupart du temps, il est intéressant de commencer par une question externe, pour ne pas sembler trop intrusif. Un exemple au supermarché, devant les biscuits :

- C'est incroyable le choix que l'on a, vos préférés se sont lesquels ?
- Euh, j'aime quand il y a du chocolat, mais là, je ne sais pas quoi prendre.
- Du chocolat, comme un Pépito ou un Mars ?
- Non, plus un Oréo…

- Vous voyez vous savez ce que vous voulez…
- Non, j'en cherche un que j'ai mangé aux Usa
- Vous rentrez des Etats Unis ?
- Oui j'ai de la famille là-bas…

La conversation n'a pas duré beaucoup plus, mais déjà en quelques échanges, nous avons un partage sympathique. Bien sûr, il arrive souvent que des personnes se sentent **un peu dérangées**, donc vous avez une grimace et un silence. C'est le jeu, mais vous allez être impressionné du nombre de fois où ça donne **une transition agréable** dans votre journée.

En écrivant ces quelques mots, il faut aussi voir les contextes dans lesquels vous posez vos questions. En descendant régulièrement dans le Sud de la France, je me rends compte qu'il est **très facile de faire parler du monde** dans ces régions plutôt qu'à Paris en heure de pointe dans un restaurant.

Pour les praticiens, cela va être encore plus simple, la seule chose, peut-être, est de **ne pas couper la parole** à votre partenaire. Pour avoir vu de nombreux thérapeutes pendant mes formations, souvent j'observe qu'ayant eu **une fulgurance**, ce dernier termine la phrase du partenaire, ou le coupe au moindre blanc, alors que ce dernier cherche encore ses mots.

Il y a aussi un **rythme à donner aux questions**. Je ne l'ai pas spécialement mis en avant, seulement c'est un élément important. Beaucoup de choses se passent dans le questionnement comme nous l'avons vu, par contre nos questions **doivent avoir une vie**.

Ce n'est pas la question ultime et le long silence comme parfois nous pouvons l'imaginer ou le vivre en psychanalyse.

Vous devez, pendant vos phases de questions, toujours **observer votre partenaire**, et savoir quand il y a un **silence de recherche et un silence d'évitement**. Dès lors la question qui va suivre n'aura pas le même rythme. Dans le cas d'une recherche, nous laissons un silence que nous pouvons nourrir d'une assistance **en répétant la question**. Si par contre il est dans un silence d'évitement, la majeure partie du temps, l'interlocuteur attend que **nous oubliions notre question**.

Ce qui peut se passer assez rapidement parce que nous sommes déjà en train de regarder la carte, et nous cherchons différents liens à faire. Et parfois nous avons un peu trop d'avance et notre partenaire en profite pour ne pas donner suite.

C'est à ce moment que vous allez **répéter la question** et qu'il y a de fortes chances que vous obteniez un 'je ne sais pas'. Il est donc important de pouvoir enchaîner avec une **cadence soutenue,** pour éventuellement retourner à cette question formulée autrement peu de temps après.

Nous savons que le subconscient a continué à mouliner, pour apporter **des éléments de réponses**.

Prenez donc la question comme **un jeu au quotidien**, vous y verrez des choses que vous ne soupçonniez pas sur les personnes avec qui vous vivez, travaillez ou simplement que vous fréquentez.

Conclusion

Dans cet essai, j'ai souhaité partager ce qui me semble aujourd'hui **une des choses les plus importantes** dans la thérapie, mais également dans la vie : la question.

De nombreuses personnes ont réussi à en faire un véritable art. Pour ma part, je ne suis qu'un observateur de la technique, que je mets en application au quotidien pour permettre à mes partenaires **de trouver des solutions** à leurs problématiques.

La question est vraiment **vaste**, elle est **adaptée** dans toutes les situations, dans toutes les professions. En apprenant à interroger, nous ouvrons **des possibilités infinies**, dans les rencontres et les connaissances.

Il faut seulement **apprendre et accepter** que **tout le monde ne souhaite pas répondre** aux questions et que parfois **la réponse peut ne pas nous convenir**. C'est un travail de tous les instants vis-à-vis de nous-mêmes. Il se peut que nous nous sentions **agressés ou rejetés** sur certaines réponses. Que ce soit dans la façon dont s'est formulé ou vis-à-vis du message qui est passé.

Alors il faut peut-être se poser quelques questions avant d'interroger :

-Suis-je prêt à entendre et à écouter la réponse qui va m'être donnée ?

Et si la réponse ne me convient pas, me blesse, me gêne. **Comment vais-je réagir** ? Est-ce que je vais être capable de poser d'autres questions pour comprendre la cartographie de mon partenaire ?

Est-ce que je vais me **fermer** comme une huître et ne plus être capable de communiquer ?

En allant plus loin, est-ce que vous **aimeriez que l'on vous pose les questions que vous êtes en train de poser** ? C'est avec un travail sur nous que nous pouvons encore plus facilement voir **la beauté de cette questiosophie**.

Pour les praticiens, cela fait partie de notre quotidien, de nous poser des questions et de travailler sur nous, mais pour beaucoup de personnes qui ne sont pas dans cette démarche, questionnez-vous pour **savoir si vous êtes en phase avec ce que vous voulez proposer aux autres**.

Une fois que nous-mêmes nous sommes d'accord de répondre à toutes les questions, à toutes nos questions, et que nous acceptons de ne jamais cesser de nous en poser, alors nous pouvons mettre un premier pas dans ce monde de la questiosophie.

Février 2016
Le Chesnay
Pank

Du même Auteur Chez HnO Edition

1/ *Initiation à l'Hypnose Classique Curative (Oct-2012)*

2/ *Méthode d'Auto* Hypnose (Nov-2012)

3/ *Hypnose et Régressions (Janv-2013)*

4/ *Initiation à l'Hypnose Urbaine (Dec-2012)*

5/ *L'ésotérisme décrypté par l'Hypnose (Avr-2013)*

6/ *Hypnose avec les Enfants (Mai-2013)*

7/ *Mieux éduquer ses enfants grâce aux outils de l'Hypnose (Juin-2013)*

8/ *CrossTherapy (Oct-2013)*

9/ *Mes Premiers pas sur la loi d'attraction (2013)*

10/ *Hypnose H-Ultra Ou Hypnose Profonde (Nov-2013)*

11/ *Laboratoire Hypnose Volume 1 (Oct-2013)*

12/ *CT Energetics : Magnétisme et Transes (Janv-2014)*

13/ *Chercheur sur la Loi d'Attraction (Janv-2014)*

14/ *Hypnose et Hypnosophie (Avr-2014)*

15/ *Apprendre le système TPA (Mai-2014)*

16/ *Hypnose et Posture du Praticien (Juil-2014)*

17/ *Hypnose et la Pre-test Therapie (Oct-2014)*

18/ *Base de PNL Interpersonnelle (Nov-2014)*

19/ *Base de la PnL Coaching (Fev-2015)*

20/ *Périple d'un Praticien d'Hypnose contre le Cancer (Fev-2015)*

21/ *Manuel de Formation à l'Auto Amour (Avr-2015)*

22/ *Hypnose et Douleur (Juil-2015)*

23/ *Cette Hypnose Ascendante nommée Hyperempiria (Sept-2015)*

24/ *Hypnose Elmanienne (Nov-2015)*

25/ *Questiosophie (Fev-2016)*

26/ *Crépuscule de l'Hypnose (Avril-2016)*

27/ *Pouvoir Limité (Mai-2016)*

28/ *Hypnose Spirituelle (Août-2016)*

29/ *Hypnose Invisible (Oct-2016)*

30/ *Hypnose et Anneau gastrique hypnotique (Janv-2017)*

Qui est HnO (Hype-N-Ose) ?

Hype-N-Ose (HnO) est une association de pratiquants et de praticiens en Hypnose à tendance Elmanienne, Hypnososphie, Hypnose Fusion et Thérapies Durables.

Notre but est de rechercher, développer, pratiquer et diffuser sur ces sujets.

Pour ce faire, nous utilisons plusieurs leviers : des formations, des cabinets ouverts, de l'Hypnose Urbaine, des livres, des audios...

Nous organisons des formations en Hypnose Classique Curative ainsi que des ateliers en thérapies durables.

L'Hypnosophie est une discipline de synthèse et intégrative. L'hypnose est un vaste monde avec des écoles, des styles et des tendances.

Plus qu'un style, nous souhaitons intégrer, sur les bases communes de l'hypnose, une ouverture globale.

Nous organisons des cabinets ouverts, dans le but de faire découvrir l'aspect curatif au plus grand nombre.

Toutes les semaines nous organisons des sorties « Hypnose Urbaine ».

Nous y invitons des praticiens mais aussi des amateurs.

Le but étant de faire connaître, dans un autre contexte que le soin, ce qu'est l'Hypnose.

Cette expérience humaine est extraordinaire. Nous pouvons dissiper les à priori et faire vivre des expériences agréables aux passants.

Vous pouvez trouver plus d'informations sur ce que nous mettons en place sur : www.hno-hypnose.com

Nous avons mis en place un site de Mp3 d'Hypnose pour faire vivre des micros séances. Vous trouverez des informations sur :www.hno-mp3-hypnose.com

Vous pouvez aussi suivre le blog avec tous les jours de nouvelles informations : www.laboratoire-hypnose.com

Si vous souhaitez nous rencontrer, échanger, partager, n'hésitez pas à nous contacter :

Mail : hype.ose@gmail.com

YouTube / Twitter / Facebook : Hype-N-Ose

Formations HnO Hypnose

Vous pouvez retrouver de nombreuses formations GRATUITES Online :

Apprendre l'Hypnose et les Concepts de Base : https://apprendre-hypnose.org/

Apprendre la Programmation Neuro-Linguistique : http://apprendre-la-pnl.fr/

Apprendre l'Auto Hypnose : http://www.apprendre-auto-hypnose.fr/

Se Former en Hypnose Spirituelle : https://formation-hypnose-spirituelle.co/

Apprendre le Magnétisme : http://www.apprendre-le-magnetisme.fr/

Vous pouvez également retrouver quotidiennement des vidéos sur l'Hypnose/Hypnosophie, le coaching et les psycho-pratiques sur : https://laboratoire-hypnose.com/

Et apprendre à gérer vos douleurs : http://hypnose-douleur.jimdo.com/

Vous retrouverez également de nombreuses formations présentielles :

Formation en PsychoPratique Intégrative (PPI) et Hypnosophie :

https://goo.gl/kjwE64

Formation en Hypnose H-Ultra (Hypnose Profonde) :

https://goo.gl/MMUIWB

Formation en Hypnose Panko-Elmanienne :

https://goo.gl/crSyj7

Formation en Hyperempiria :

https://goo.gl/c3xful

Formation en Hypnose Urbaine :

https://goo.gl/SGyVVJ

Toutes les informations sont disponibles sur www.hno-hypnose.com